F

MONSTRUM HORRIBILE

a Latin novella
written and illustrated by
Andrew Olimpi

COMPREHENSIBLE CLASSICS
VOL. 1

COMPREHENSIBLE CLASSICS PRESS
Dacula, GA

Filia Regis et Monstrum Horribile
"The Princess and the Horrible Monster"

Series: Comprehensible Classics #1

Comprehensible Classics Press
Dacula, GA

Revised Edition: July 2017

ISBN-10: 1546936262
ISBN-13: 978-1546936268

Discipulis meis
"dono lepidum novum libellum
arida modo pumice expolitum . . ."

PREFACE

This book is an adaptation of the famous "Tale of Psyche," which originally appeared in Books 4-6 of Apuleius' *Metamorphoses*. The plot seems especially suited to the interests of beginning Latin students, many of whom approach the language for the first time in secondary school. In the interest of readability, I have simplified Apuleius' elegant and witty original to a simpler, straightforward narrative, modelled after a modern retelling of a fairy tale. This stuck me as most appropriate, since many believe that Apuleius derived his plot from folklore. And even those readers ignorant of Apuleius' original Latin version are likely to spot many parallels to modern fairy tales, including "Beauty and the Beast" and "Cinderella," among others.

Unlike much literature written for beginning Latin language learners, I have greatly limited the vocabulary to around 125 unique Latin words (tenses, case forms, and proper names excepted). This deliberate limitation should reduce the cognitive load for novice Latin readers, while providing them with opportunities for encountering the same words in many different forms and contexts. It is my hope that the reader can get lost in the twists and turns of the story, rather than straining to interpret needlessly obscure vocabulary.

The grammar, however, has not been sheltered in this way. While the bulk of the narrative occurs in the present tense, I have felt free to slip into other tenses and constructions as the needs of the narrative dictated. I have aimed at clarity and simplicity throughout.

i

Nota bene: I have occasionally strayed from Apuleius' plot where I thought it most fitting or interesting to do so. I also freely strayed from a strict classical style (*ignosce mihi, Marce Tulli!*), embracing a few conventions of Medieval authors or Renaissance humanist for the sake of simplicity and clarity.

Furthermore, while I have attempted to hold my Latin style up to the highest standards of accuracy and clarity, I take full responsibility for any errors or shortcomings within the final printed text. I would like to extend a great thanks to Lance Piantaggini and Todd Shandelman for their careful proofreading of the manuscript and insightful comments.

By way of acknowledgements, I would like to thank Bob Patrick, John Piazza, Lance Piantaggini, Chris Buczek, Rachel Ash, Miriam Patrick, and Justin Slocum Bailey, all wonderful and passionate Latin *magistri* and *magistrae,* all authors of marvelous and compelling Latin novellas. Without the inspiration I found in those pages, I would never have tried my hand at writing my own novellas.

Andrew Olimpi
Hebron Christian Academy
2017

ABOUT THE SERIES:

Comprehensible Classics is a series of Latin novels for beginning and intermediate learners of Latin. The books are especially designed for use in a Latin classroom which focuses on communication and Comprehensible Input (rather than traditional grammar-based instruction). However, they certainly are useful in any Latin classroom, and could even provide independent learners of Latin interesting and highly-readable material for self-study.

Filia Regis et Monstrum Horribile
Comprehensible Classics #1:
Level: Beginner
Unique Word Count: 125

Perseus et Rex Malus
Comprehensible Classics #2:
Puer Ex Seripho, Vol. 1
Level: Intermediate
Unique Word Count: 300

Perseus et Medusa
Comprehensible Classics #3:
Puer Ex Seripho, Vol. 2
Level: Intermediate
Unique Word Count: 300

Via Periculosa
Comprehensible Classics #4
Level: Beginner-Intermediate
Unique Word Count: 88

Familia Mala: Saturnus et Iuppiter
Comprehensible Classics #5
Level: Beginner
Unique Word Count: 95

Upcoming Titles: (subject to change)
Coming 2018:

Linea Ariadnae
Scylla et Glaucus
Ego, Polyphemus
Familia Mala II: Iuppiter et Prometheus

And introducing a new series:
Fabulae Facillimae: an adaptation of Ritchie's *Fabulae Faciles* for novice readers (Coming Fall/Winter 2018)

        Volume 1: Perseus
        Volume 2: Jason et Argonautae
        Volume 3: Hercules
        Volume 4: Ulysses

TABLE OF CONTENTS

CAPITULUM PRIMUM: TRES SORORES

Rēx et rēgīna laetī habitant in domō magnā et pulchrā.

Rēx et rēgīna trēs fīliās habent. Fīlia prīma nātū est puella pulchra. Sed fīlia secunda nātū pulchrior est quam soror sua. Puellae sunt pulchrae, sed malae.

Fīlia tertia nātū vocātur Psȳchē. Psȳchē est pulcherrima, et est pulchrior quam sorōrēs suae. Quia Psȳchē pulchrior est, puella sorōribus nōn placet.

Puella pulcherrima multīs hominibus placet. In urbe multī cīvēs Psȳchēn amant et laudant. In omnibus terrīs, multī cīvēs puellam pulcherrimam vidēre volunt. Hominēs longē iter faciunt ad puellam videndam. Hominēs eam laudant: "Psȳchē est pulchrior quam omnēs puellae! Puella est similis deae Venerī ipsī!"

Hominēs Venerem nōn laudant, sed Psȳchēn sōlam laudant. Nēmō deae dōna dat; nēmō ad templum Veneris it. Omnēs domum puellae adeunt ad puellam laudandam.

Psȳchē per **urbem**[1] it, et cīvēs flōrēs ad pedēs iaciunt. Omnēs puellam magnā vōce **laudant**.[2]

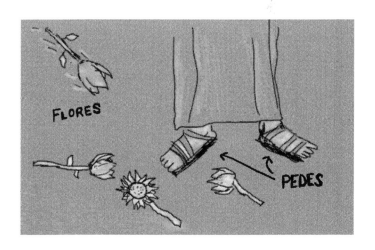

---

[1] **urbem**: *city*
[2] **laudant**: *praise*

CAPITULUM SECUNDUM: VENUS IRATA

In caelō, Venus, dea amōris, omnia videt. Dea est īrata et putat: *Hominēs putant puellam esse mē pulchriōrem. Ego* **puellae iniūriās faciam.**[3]

Venus fīlium vocat. Fīlius Veneris vocātur Cupīdō. Cupīdō ad mātrem celeriter it.

---

[3] **puellae iniurias faciam:** *I will do the girl harm*

Cupīdō sagittās amōris habet.

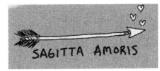

Sagittae amōris sunt **potentēs**.[4] Sī sagitta amōris aliquem tanget, ille amōre capiētur.

"Ō mī fīlī," Venus clāmat, "Est in terrā puella vocātur Psȳchē. Omnēs cīvēs puellam laudant. Omnēs flōrēs ad pedēs puellae iaciunt. Puella mihi nōn placet. Ego volō puellae iniūriās dare. Dā puellae marītum malum et horribilem."

Cupīdō: "**Quālem**[5] marītum?"

Venus: "Invenī mōnstrum horribile! Sī mōnstrum erit marītus puellae, cīvēs puellam nōn amābunt neque laudābunt."

---

[4] **potentes**: *powerful*
[5] **qualem**: *what kind of . . .*

Sunt duōs fontēs in domō Veneris. Aqua bona ex fonte **dextrō**[6] venit.

Aqua mala ex fonte **sinistrō**[7] venit.

Cupīdō fontēs invenit et aquam malam sūmit. Deinde Cupīdō celeriter it ad puellam inveniendam.

---

[6] **dextro**: *on the right*
[7] **sinistro**: *on the left*

Cupīdō ad domum rēgis et rēgīnae celeriter it. Sēcrētē deus in conclāve Psȳchēs videt. In conclāvī deus puellam dormientem invenit.

Ille aquam malam puellae dat, et puella dormiēns aquam bibit. Subitō puella **sē movet**![8] Cupīdō putat puellam nōn dormīre, sed iam vigilāre.

---

[8] **se novet:** *moves (herself), moves around*

Cupīdō perterritus est. **Cāsū**[9] ille
sagittam amōris tangit!

Ēheu! Deus iniūriam magnam habet!
Celeriter deus ex conclāvī puellae
dormientis it.

---

[9] **casu**: *by accident*

CAPITULUM TERTIUM: PUELLA TRISTIS

Venus puellam pulchram pūnit. Quia puella aquam malam bibēbat, puella amōrem nōn invenīre potest.

Omnēs puellam laudant. Omnēs hominēs putant puellam esse similem Venerī. Psȳchē **vidētur**[10] dea esse, nōn mortālis. Omnēs puellam laudant, sed nēmō eam amat.

---

[10] **videtur**: *seems*

Quōdam die[11]
vir fortis et pulcher ad
sorōrem prīmam nātū
venit. Ille sorōrem **in
mātrimōnium
dūcit.**[12]

Deinde alius vir ad
sorōrem secundam
nātū venit. Ille soror-
em secundam in mā-
trimōnium dūcit.

Nēmō ad Psȳchēn
venit. Nēmō eam in
mātrimōnium dūcit.
Puella est trīstis.

---

[11] **quodam die**: *on a certain day, one day*
[12] **in matrimonium ducit**: *leads into marriage, marries*

14

Quōdam diē, rēgīna rēgī dīcit: "Ō rēx, cūr nēmō fīliam nostram in mātrimōnium dūcere vult? Puella est pulchra, et omnēs eam laudant."

Rēx putat et inquit, "Deī fīliam nostram pūniunt. Crās ego auxilium quaeram. Ego ad ōrāculum ībō! ego ōrāculum quaeram cūr deī fīliam nostram pūniant."

Rēx iter facit ad ōrāculum quaerendum.

Ōrāculum inquit: "Marītus fīliae tuae nōn erit mortālis. Ille in monte habitat.

Marītus erit mōnstrum **quod**[13] omnēs hominēs vincere nōn possunt. Est **sors**[14] puellae."

Rēx et rēgīna ōrāculum audiunt et trīstēs sunt. Psȳchē nōn vult familiam esse trīstem.

"**Estō bonō animō**,[15] māter et pater," puella inquit, "Venus est dea māxima. Nesciō cūr Venus mē pūniat. Dūcite mē ad illum montem, et relinquite mē in monte. Fortasse mōnstrum mē necābit. Fortasse ego semper in monte cum mōnstrō habitābō. Est sors mea."

---

[13] **quod**: *which*

[14] **sors**: *fate*

[15] **esto bono animo**: *be of good cheer, cheer up*

CAPITULUM QUARTUM: MATRIMONIUM MALUM

Puella vestīmenta nūptiālia gerit. Omnēs cīvēs eam ex urbe ad montem ducunt. Parentēs erant trīstēs; nēmō vult puellam esse uxōrem mōnstrī. **vidētur**[16] esse **fūnus**, [17] nōn mātrimōnium. Trīstēs cīvēs et familia puellam Pȳschen in monte relinquunt.

Puella in terrā sedet sōla et perterrita. Puella putat: *ōrāculum non est falsum. Vērum est! Rē vērā deā Venus mē pūnit. Marītus meus erit mōnstrum horribile.*

---

[16] **videtur**: *seems*
[17] **funus**: *funeral*

In caelō Venus laeta omnia videt. Dea putat: *puella mala, iam tū trīstis semper habitābis cum mōnstrō horribilī.*

Puella est sōla, deinde . . .

"Salvē, puella." aliquis inquit. Psȳchē putat: *est mōnstrum!* Nōn mōnstrum est, sed Zephyrus, **deus ventōrum.**[18]

---

[18] **deus ventorum**: *the gods of the winds*

"Ō puella," Zephyrus inquit, "Vēnī mēcum! Vēnī mēcum ad **summam montis**."[19]

"

Deus manum puellae tangit, et puella dormit. Deus puellam dormientem per caelum fert. Mox Psȳchē et Zephyrus ad summam montis veniunt. Zephyrus puellam in montem pōnit. Iam puella vigilat.

"Haec est domus tua," Zephyrus inquit. "In hāc domō tū semper cum marītō habitābis."

Puella domum novam videt.

---

[19] **summam montis:** *the top (summit) of the hmountain*

Domus est pulchra, et multōs fontēs et hortōs et **columnās**[20] habet.

Subitō aliquis **iānuam aperit.**[21]

---

[20] **columnas**: *columns*
[21] **ianuam aperit:** *opens the door*

CAPITULUM QUINTUM: DOMUS ET SERVI

Aliquis iānuam domūs aperit. Nēmō est **apud iānuam**.[22] Psȳchē: "Quis iānuam aperuit?"

Vōx respondit: "Ego iānuam aperuī."

Psȳchē: "Ego nēminem vidēre possum. Quis es?"

---

[22] **apud ianuam:** *at the door*

Vōx: "Tū mē vidēre nōn potes. **Invīsus**[23] sum. Omnēs servī in domō invīsī sunt."

Psȳchē: "**Cūius**[24] servus es?"

Servus invīsus: "Nōs servī tuī sumus. Omnia in domō sunt tua. Tū es **magistra domūs!**"[25]

Psȳchē in domum it et omnia videt. Puella putat: *rē vērā, hoc mōnstrum domum pulchram habet!*"

Serva Psȳchēn ad **balneās**[26] magnās dūcit, et manūs invīsae eam **lāvant**.[27]

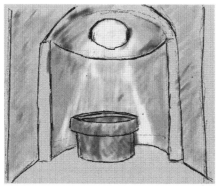

Deinde serva eam ad conclāve magnum dūcit. Puella dēfessa in lectō pulchrō dormit. Mox puella cibum vult.

Alius servus puellae cibum dat.

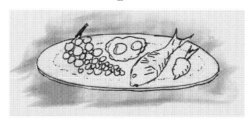

---

[26] **balneas**: *baths*
[27] **lavant**: *wash*

Alius servus puellae vīnum dat.

Aliī servī mūsicam pulchram lūdunt.

Omnēs servī invīsī sunt. Tōtam diem puella cibum bonum comēdit, vīnum bonum bibit, et mūsicam pulchram audit. Post multās hōrās puella dēfessa est et dormīre vult.

Servus puellam ad lectum dūcit, et mox puella dormit.

Mediā nocte, puella sonum in domō audit et vigilat.

Aliquis sonum in conclāvī facit. Aliquis in conclāve adit! "Ēheu!" Psȳchē parvā vōce dīcit, "serve, quis est in domō?"

Servus invīsus: "Est **magister domūs,**[28] mārītus tuus."

---

[28] **magister domus**: *the master of the house*

CAPITULUM SEXTUM: MONSTRUM

Vōx mōnstrī puellam vocat. "Psȳchē . . . uxor mea . . ."

Tōtum conclāve est **obscūrum**.[29] Psȳchē est in lectō perterrita.

Vōx dīcit: "Mortālēs mē 'mōnstrum' vocant. Aliī putant mē esse horribilem, et aliī putant mē esse crūdēlem."

Manus mōnstrī puellam tangit. "Sed ego semper tē amābō. Ego numquam tibi **iniūriam faciam**!"[30]

Psȳchē sē movet ad mōnstrum videndum.

Mōnstrum: "Nōlī mē vidēre! Mortālēs mē vīdēre nōn possunt!"

---

[29] **obscurum**: *dark*

[30] **iniuriam faciam**: *(I) will never do you harm/injury.*

Mōnstrum basium puellae dat. "Omnia in domō meā sunt tua. Iam, bene dormī, mea Psȳchē."

Et Psȳchē dormit.

Postrīdiē,[31] Psȳchē ēvigilat et mōnstrum quaerit. Ecce, mōnstrum abest. Multōs diēs puella in domō mōnstrī habitat. Multōs diēs puella cibum comēdit, vīnum bibit, mūsicam audit.

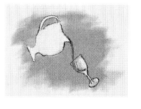

---

[31] **postridie**: *the following day*

Cotīdiē mediā nocte marītus in conclāve it et **prīmā lūce**[32] abit. Puella marītum vidēre nōn potest. Rē vērā puella marītum vidēre nōn vult—mōnstrum horribile est!

Mōnstrum puellam nōn comedit neque iniūriās puellae dat. Prīmum puella mōnstrum valdē timēbat, sed mox mōnstrum puellae placet. Mōnstrum nōn est crūdēle, sed amīcus. Mox mōnstrum puellae placet. Domus et servī puellae quoque placent. Puella habet **omnia quae ea vult.**[33]

---

[32] **prima luce***: at dawn ("at first light")*
[33] **omnia quae ea vult:** *everything that she wants*

Quōdam diē, cum puella cibum comedat et vīnum bibat, Psȳchē familiam vidēre vult.

Psȳchē putat: *Familia mea nescit mē laetam in domō habitāre. Familia mea fortasse putat mōnstrum esse horribilem et crūdēlem. Rē vērā mōnstrum est mihi amīcus et mihi valdē placet. Ego familiam meam iterum vidēre volō!*

CAPITULUM SEPTIMUM: CONSILIUM MALUM

Quādam nocte, mōnstrum uxōrī dīcit: "Uxor mea, cūr tū mē timēs?"

Psȳche: "Rē vērā, mī marīte, tē nōn timeō!"

Mōnstrum: "Uxor mea, esne tū laeta in hāc domō?"

Psȳche: "Certē, mī marīte."

Mōnstrum: "Uxor mea, habēsne tū omnia **quae**[34] tū vīs?"

Psȳchē: "Domūs mihi placet et servī mihi placent. In hāc domō, multa habeō, sed nōn omnia."

Mōnstrum: "Quid tū vīs, uxor?"

Psȳchē: "Familiam meam vidēre volō. Ego duās sorōrēs habeō. Mī marīte, licetne mihi sorōrēs meās vidēre?"

---

[34] **quae**: *which*

Mōnstrum: "Ego tē valdē amō, uxor mea. Tibi licet."

Post trēs diēs sorōrēs domum puellae adeunt.

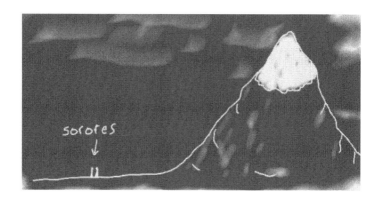

Zephyrus sorōrēs ad summam montem fert. Ecce—in summā montis est soror Psȳchē. Psȳchē sorōrēs suās **in amplexū tenet.**[35] "Nōs putāvimus tē esse mortuum! Esne tū laeta in summā montis!"

---

[35] **in amplexu tenet:** *hugs, holds in an embrace*

"Certē, sorōrēs! Ego in magnā domō habitō. Ecce, domus mea!"

Sorōrēs vidēre **cōnantur**,[36] sed domum vidēre nōn possunt.

Psȳchē: "Sorōrēs, ego multōs servōs et multās servās habeō!"

---

[36] **conantur:** *try*

Iterum sorōrēs servōs vidēre cōnantur, sed servōs vidēre nōn possunt.

Psȳchē: "Sorōrēs, audīte mūsicam pulchram!"

Sorōrēs mūsicam audīre cōnantur, sed nōn possunt.

"Ēheu," soror prīma nātū inquit, "Soror nostra īnsāna est. Ea putat sē in domō magnā habitāre. Ea putat sē multōs servōs habēre. Ea putat sē audīre mūsicam. Marītus sorōris est mōnstrum dēfōrme et crūdēle."

Sorōrēs: "Psȳchē, tū īnsāna es. Marītus tuus est mōnstrum dēfōrme et crūdēle. Venī **nōbīscum**.[37] Venī nōbīscum domum."

Psȳchē cum sorōribus īre nōn vult.

Ea sorōribus dīcit: "Fortasse marītus meus nōn est dēfōrmis. Ego marītum vidēre nōn possum. Fortasse est vir pulcher."

Sorōrēs: "Psȳchē, Psȳchē, marītus tuus est mōnstrum! Ōrāculum dīxit marītum tuum **futūrum esse**[38] mōnstrum dēfōrme et crūdēle. Fortasse mōnstrum vult tē comedere!"

Psȳchē: "Ego nōlō mōnstrum mē comedere! Quid ego **agere debeō**?"[39]

---

[37] **nobiscum**: *with us*
[38] **futurum esse**: *would be*
[39] **Quid . . . .agere debeo**: *what should I do?*

Sorōrēs: "Nocte, fer lucernam et gladium ad conclāve.

"Pōne lucernam et gladium sēcrētō sub lectō.

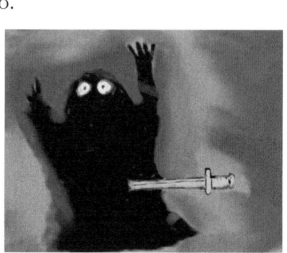

"Dum mōnstrum dormit, gladium sūme, et mōnstrum gladiō necā."

Psȳchē cōnsentit.

CAPITULUM OCTAVUM: PSYCHE ET MONSTRUM

Nocte, **antequam**[40] marītum ad conclāve et lectum it, Psȳchē gladium et lucernam in conclāve fert. Puella lucernam et gladium sēcrētō sub lectō pōnit.

Deinde puella exspectat et exspectat et exspectat.

---

[40] **antequam:** *before*

 Mediā nocte, marītus ad conclāve et lectum it. Mōnstrum puellam in lectō dormientem videt. Rē vērā, puella nōn dormit, sed vigilat et exspectat. Mox mōnstrum dormit.

Puella, marītum vidēns, parvā vōce inquit: "Ō mī marīte, ēvigilāsne tū?" Marītus nōn respondit.

 Sēcrētō puella lucernam et gladium sūmit et ad marītum adit.
Lucerna **lūcet**,[41] et puella marītum vidēre potest.

---

[41] **lucet:** *shines*

Ecce—marītus nōn est mōnstrum dēfōrme et crūdēle. Nōn est mōnstrum! Est deus pulcher! Est deus fortis! Est Cupīdō **ipse**,[42] deus amōris et fīlius Veneris.

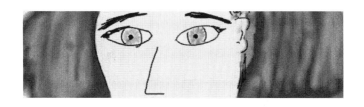

Puella laeta marītum videt. Sed **oleum**[43] ē lucernā in marītum effluit! Ēheu! Oleum est **calidum**[44] et marītī iniūriam dat. Deus vigilat et ex domō in caelum it.

---

[42] **ipse**: *himself*
[43] **oleum**: *oil*
[44] **calidum**: *hot*

Psȳchē trīstis ad terram cadit. Deus in caelō puellam videt.

Deus: "Ō mala fēmina, ego nōn sum mōnstrum! Ego sum Cupīdō, deus amōris. Cūr tū putās mē esse mōnstrum? Cūr tū putās mē esse crūdēlem? Cūr nescit mē esse bonum et fortem. **Amor cum suspīciōne habitāre nōn potest**!"[45]

Cupīdō per caelum abit. Iam puella in terrā est, sōla et trīstis.

Puella domum sorōris prīmae nātū adit. Quia nox est, puella vidēre nōn potest. Puella lucernam fert et ea domum sorōris celeriter quaerit. **Ambō**[46] sorōrēs in domō sunt. Ambō sorōrēs Psȳchēn venientem vident.

---

[45] *"Love is not able to dwell with suspicion."*
[46] **ambo**: *both*

40

Cum soror prīma nātū lucernam pulchram videat, sorōrī dīcit: "Soror! Haec lucerna est **aurea**![47] Quōmodo soror Psȳchē lucernam auream et pulchram habet?"

Soror secunda nātū: "Soror nostra in summā montis habitat cum mōnstrō. Ego putō mōnstrum habēre multum aurum in domō in summā montis!"

Soror prīma nātū: "**Eāmus**[48] ad domum mōnstrī in summā montis et sēcrētō aureum **capiāmus**!"[49]

---

[47] **auream**: *golden, make of gold* (**aurum**)
[48] **eamus**: *let's go*
[49] **capiamus**: *let's take*

Sorōrēs ad montem iter faciunt ad aureum capiendum.

Mox sorōrēs ad montem adeunt, et ad summam montis īre volunt, sed nōn possunt.

Soror prīma nātū: "Ō Zephyrus, deus ventōrum, fer nōs ad summam montis."

Ecce—sorōrēs Zephyrum vident. Zephyrus fēminās malās in caelō fert. Sed deus fēminās malās in summā montis nōn pōnit.

Deus sorōrēs malās per caelum iacit. Fēminae perterritae ad terram — et **ad mortēs**[50]--cadunt.

---

[50] **ad mortes**: *to their deaths*

CAPITULUM NONUM:
TEMPLUM

Psȳchē per omnēs terrās iter facit. Puella trīstis iter facit ad marītum quaerendum. Marītum quaerēns, Psȳchē per multa **oppida**[51] et urbēs it.

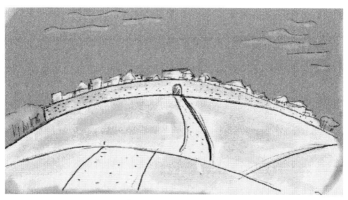

In quādam urbe Psȳchē fēminam **praetereuntem**[52] videt.

Psȳche: "Ō fēmina, vīdistīne Cupīdinem, marītum meum?"

---

[51] **oppida**: *towns*
[52] **praetereuntem**: *passing by*

"Minimē," fēmina respondit. "Nēmō Cupidinem deum amōris vidēre potest!"

In quōdam oppidō, Psȳchē virum praetereuntem videt.

Puella: "O vir, habitatne Cupīdō marītus meus in hōc oppidō?"

"Minimē," respondit vir. "Cupīdō in oppidīs hominum nōn habitat. Nēmō scit ubi deus amōris habitet." Marītum quaerēns, puella iterum iter facit.

Mox puella ad templum **in colle**[53] magnō venit:

---

[53] **in colle:** *on a hill*

In templō erat **multa ubīque**[54] in terrā. **Frūgēs** et **frūmenta** et **falcēs** ubīque sunt in terrā.

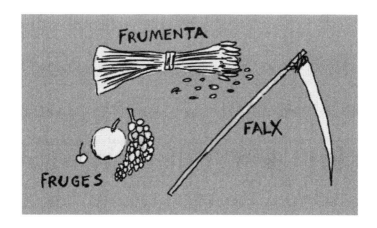

Puella putat: *ego deae auxilium dabō. Sī ego auxilium dabo et templum* **cūrābō**,[55] *dea Venus nōn erit īrāta. Sī dea Venus laeta erit, Venus* mē *auxilium dabit.*

---

[54] **multa ubique**: *many things everywhere*
fruges et frumenta et falces: *fruits and grains and scythes*
[5555] **curabo**: *will care for . . .*

Tōtum diem puella templum cūrat. Puella frūgēs sūmit et omnēs frūgēs in ūnō **acervō**[56] pōnit. Deinde frūmenta sūmit et omnia frūmenta in aliō acervō pōnit.

Tandem puella falcēs sūmit et omnēs falcēs in tertiō acervō pōnit.

Dea Cerēs omnia videt et ad templum venit.

---

[56] **acervus**: *pile*

Cum Psyche deam Cererem videat, puella ad terram cadit, dēfessa et perterrita.

Dea puellae inquit: "Bonō animō estō, puella. Quia tū meum templum cūrās, ego tibi auxilium dabō. Puella, **eās**[57] ad deam Venerem. Eās et **veniam rogēs**.[58] Sī Venus tibi veniam dabit, fortasse tū marītum tuum iterum inveniēs."

---

[57] **eas:** *go*
[58] **veniam rogas:** *ask forgiveness*

"Ō Cerēs, grātiās tibi agō," puella inquit, et ad domum Veneris iter facit.

CAPITULUM DECIMUM: DOMUS VENERIS

Puella domum Veneris adit. Puella deae Venerī nōn placet. Dea nōn vult puellam esse uxōrem Cupīdinis.

"Tū es puella mala," Venus īrāta dīcit: "Ecce marītus tuus! Ille malam iniūriam habet et tōtum diem in lectō **aegrōtat**."[59]

---

[59] **aegrotat:** *is sick*

Psȳchē: "Ēheu! Ego trīstis sum! Nōlō mārītum meum cum malā iniūriā aegrōtāre. **Ignōsce mihi,**[60] Venus! Ego veniam tuam rogō! Ego veniam marītī meī rogō!"

Venus est īrāta, et ea vult puellam Psȳchēn necāre. Venus **cōnsilium malum capit.**[61]

Venus: "Ego tibi trēs labōrēs dabō. Sī tū trēs labōrēs faciēs, ego tibi veniam dabō. Et fortasse tū marītum iterum vidēbis. Venī mēcum."

---

[60] **ignosce mihi:** *forgive me*
[61] **consilium malum capit:** *comes up with an evil plan.*

Dea et Psȳchē venit ad magnum **acervum variōrum frūmentōrum.**[62] "**Sēparā**[63] varia frūmenta **in acervīs diversīs.**"[64]

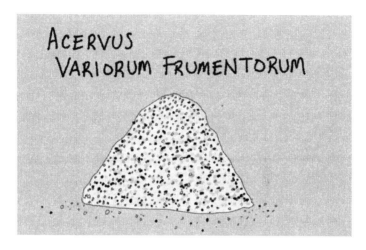

Dea abit, et puella in terrā sedet. Ea trīstis est! Puella nōn potest omnia frūmenta sēparāre.

Sed puella nōn sōla est. . .

---

[62] **acervum variorum frumentorum**: *a heap of various grains.*
[63] **separa**: *separate*
[64] **in deversis acervis**: *in separate piles*

Ecce--**formīca**[65] puellam trīstem videt.

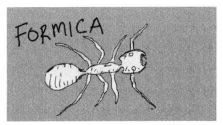

Formīca puellam auxilium dare vult! Omnēs formīcae ad acervum eunt et illī omnia frūmenta sēparant. Iam varia frūmenta in acervīs diversīs separantur.

Puella est laeta: "Grātiās, formīcae!"

Venus in conclāve venit. Cum dea diversōs acervōs videat, iterum īrāta est.

Venus: "Ō puella mala! Tū hōs acervōs nōn fēcistī. Aliquis tibi auxilium dedit!"

Venus īrāta abit. Iterum Psȳchē est sōla.

---

[65] **formica**: *an ant*

CAPITULUM UNDECIMUM
LANA ET OVES

Postrīdiē Venus ad puellam it.

Venus: "Hodiē ego tibi labōrem secundum dabō. Tū auxilium quaerere nōn potes!"

"Ita vērō, dea Venus," dīcit puella perterrita.

Venus: "Puella mala, iter fac ad agrum. In agrō ovēs habitant. Ovēs, quae in agrō habitant, **lānam auream**[66] habent. Fer mihi lānam auream!"

---

[66] **lanam auream:** *golden wool*

Puella domō abit ad ovēs quaerendās et lānam capiendam.

Sed puella lānam auream capere nōn potest.

Ecce—in agrō cum ovibus sunt multī **arietēs**,[67] quī **magna cornua**[68] habent! Arietēs magnās iniūriās facere possunt!

Puella prope flūmen sedet. Puella putat sē nōn posse lānam sūmere. Sed deus flūminis puellam videt, et ille nōn vult puellam esse trīstem.

---

[67] **arietes**: *rams*
[68] **magna cornua:** *large horns*

"Bonō animō estō!" deus flūminis inquit, "Cum arietēs in agrō sint, perīculōsum est lānam auream sūmere. Sed mox ovēs et arietēs ad alium agrum ībunt. Lāna ōvum semper est in arboribus et **in herbīs!**"[69]

Mox arietēs et ovēs ad alium agrum eunt et—ecce—lāna ovium in arboribus et in herbīs est! Puella lānam auream sūmit et domum Veneris celeriter adit.

---

[69] **in herbis:** *in the grass*

Cum puella in domum it, dea lānam auream videt. Ea iterum īrāta est. Venus putat: *puella sōla nōn potest sūmere lānam.*

"Puella mala, quis tibi auxilium dedit?" Dea scit deum flūminis puellae auxilium **dedisse**.[70]

Puella: "Nēmō mihi auxilium dedit! Ego sōla lānam sūmit."

Sed dea omnia scit. Venus puellae nōn crēdit, et puellae parvum cibī dat. Puella sedet sōla in conclāvī, cibum comedēns.

Postrīdiē, deus Venus ad puellam trīstem iterum it. Dea puellae arcam parvam et pulchram dat.

ARCA PARVA

---

[70] **dedisse**: *gave*

Venus: "Hic est labor tertius:

"Necesse est mihi ad Olympum īre et cum deīs sedēre. Iter fac **ad īnferōs**[71] et invēnī Proserpinam, **rēgīnam mortuōrum**.[72] Ego volō **pulchritūdinem**[73] Proserpinae. Pōne pulchritūdinem in arcā, et fer mihi arcam."

Psȳchē: "Ō Venus, quōmodo ego possum ad īnferōs īre? Ego sum mortālis!"

Venus: "Tū ad īnferōs celeriter īre potes! **Tē iace**[74] dē summā domūs meae ad terram. Itaque tū mortuus eris, et tū poteris ad īnferōs īre!"

---

[71] **ad inferōs:** *to the Underworld, the realm of the dead*
[72] **reginam mortuorum:** *queen of the dead*
[73] **pulchritudinem:** *beauty*
[74] **te iace:** *throw yourself*

CAPITULUM DUODECIMUM
IN INFERIS

Puella stat in summā domūs Veneris. Puella perterrita est, quia nōn vult ad terram cadere. Puella mortuam esse nōn vult!

"Puella! Nōlī tē iacere!" vōx dīcit. Puella **circumspectat**,[75] sed aliquem vidēre nōn potest.

Puella, "Quis es? Homō an deus?"

---

[75] **circumspectat**: *looks around*

"Amīcus sum," vōx inquit, "Ego eram servus tuus invīsus. Ego semper tē cūrābit. Tū ad īnferōs īre potest. Ecce – **tabulā geōgraphicā.**"[76]

Servus invīsus puellae tabulam geōgraphicam dat.

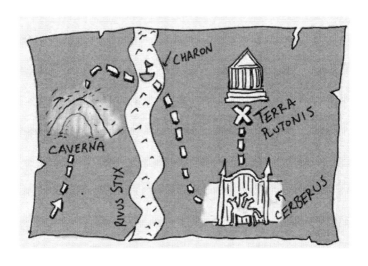

Servus invīsus: "**Sequere**[77] tabulam geōgraphicam ad terram *Erebum*."

---

[76] **tabula geographica**: *geographical map*
[77] **sequere**: *follow*

Servus puellae omnia **explicat**.[78]

"Valē!" inquit puella laeta. Ea arcam et tabulam geōgraphicam sūmit.

Servus: "Puella! Exspectā! Proserpina, rēgīna mortuōrum, pulchritūdinem in arcā pōnet. Mortālēs pulchritūdinem deārum vidēre nōn possunt! Nōlī in arcam vidēre!"

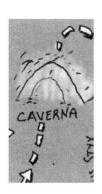

Tabula geōgraphica puellam dūcit ad terram Erebum. Puella in cavernam magnam it, et mox ea flūmen Stygem invenit. Charōn puellam **trāns**[79] flūmen fert.

---

[78] **explicat**: *explains*

[79] **trāns**: *across*

Mox puella ad Cerberum it. Cerberus est magnus canis, quī **tria capita**[80] habet.

Puella canī cibum dat. Tria capita cibum comedunt, et iniūriās nōn dant! Puella ad terram Plūtōnis iter facit.

In terrā Plūtōnis, puella Proserpinam rēgīnam mortuōrum invenit.

---

[80] **tria capita**: *three heads*

Rēgīna Proserpina: "Quis es tū, puella? Estne tū mortua?"

Psȳchē: "Ego nōn sum mortua, ō rēgīna! Ego sum Psȳchē. Ego sum serva Veneris. Venus mihi dīxit: 'Fer mihi pulchritudinem Proserpinae, rēgīnae mortuōrum.' Necesse est Venerī īre ad Olympum et cum deīs sēdēre."

Proserpina: "Esne tū serva Veneris? Dā mī arcam." Psȳchē deae arcam dat. Prosperīna aliquid parvum in arcā pōnit.

Proserpina: "Fer Venerī arcam. Valē!" Psȳchē ad domum Veneris iter facit. Terra mortuorum puellae nōn placet. Puella arcam parvam videt.

Puella putat: *Venus erit laeta! Pulchritūdō Proserpinae est in arcā. Sī Venus erit laeta, ego marītum Cupidem vidēre poterō! Sed ego sum puella! Nōn sum pulchra similis deae!"*

Puella iterum arcam videt.

Fortasse, sī ego habēbō pulchri-
tūdinem deae, marītus meus putābit mē esse
pulchram.

Puella arcam **aperit**.[81]

Pulchritūdō Proserpinae nōn est
in arcā! Mala dea est in arcā: mala dea
"**Somnus**."[82] Dea Somnus puellam
capit et Psȳchē ad terram cadit.

Psȳchē dormit.

---

[81] **aperit**: *opens*
[82] **somnus**: *sleep*

CAPITULUM TERTIUM DECIMUM: CUPIDO

Cupīdō est domī in conclāvī. Cupīdō dormīre nōn potest, et vigilat.

Cupīdō: "Māter, ego nōlō in lectō esse! Ego volō meam Psȳchēn vidēre!"

Venus: "**Puer inepte!**[83] Psȳchē est mortālis, et tū es deus amōris! Deus uxōrem mortālem habēre nōn potest."

Cupīdō: "Ego nōn sum puer, māter! Ego sum vir!"

Cupīdō sagittās sūmit et domō celeriter it ad Psȳchēn quaerendam. Per omnēs terrās Cupīdō celeriter it.

Ecce, Cupīdō puellam pulchram in terrā dormientem invenit. Psȳchē est!

Cupīdō puellae dīcit: "Ō Psȳchē! Nōlī dormīre! Vigilā! Marītus tuus adest! Ego tē invēnī!"

Sed puella nōn vigilat. Cupīdō, arcam in terrā vidēns, iam omnia scit.

---

[83] **puer inepte:** *foolish boy*

Deus putat: *Māter mea Psȳchēn necāre vult!* Deus arcam sūmit et vocat: "Ō mala dea Somnus! Nōlī meae puellae iniūriam facere! Necesse est tibi in arcam īre!"

Cupīdō est īrātus, et dea Somnus Cupīdinem timet. Perterrita Somnus in arcam it! Psȳchē sē movet et vigilat. Puella deum pulchrum videt et ea Cupīdinī dīcit:

"Ō marīte! Tū mē invēnistī! Cūr tū abiit? Tū dīxistī **amōrem cum suspīciōne habitāre nōn posse**.[84] Marīte, ego suspīciōnem nōn habeō! Ego per omnēs terrās iter fēcī ad tē quaerendum."

Cupīdō: "Ō puella, ego tē semper amābō. Ego eram perterritus, et ego eram ineptus! Ignōsce mihi, puella mea! Ego volō tē esse uxōrem meam!"

---

[84] *"love is not able to live with suspicion."*

Psȳchē nōn crēdit quid audiat. Ea deō amōris dīcit: "Cupīdō, ego sum puella mortālis, et tū es deus! Deus nōn potest habēre uxōrem mortālem!"

CAPITULUM
QUARTUM DECIMUM
IN OLYMPO

Deus amōris ad caelum celeriter it ad rēgem deōrum quaerendum. Iuppiter, rēx deōrum, in caelō in Olympō habitat. Cupīdō rēgī omnia dīcit. Rēx deōrum nōn vult puellam semper esse trīstem. Iuppiter ipse multās puellās mortālēs in terrā amābat.

Cupīdō: "Ō Iuppiter, rēx deōrum, dīc mihi: **licetne mihi**[85] Psȳchēn mortālem **amāre**? Possumne ego habēre uxōrem mortālem?"

"Nōn potest," Iuppiter inquit, "sed ego **cōnsilium**[86] habeō!"

Mercurius, **nūntius**[87] deōrum, ex Olympō ad terram celeriter it.

Nūntius puellam invenit, et deus eī dīcit: "Ō puella, Cupīdō tē in caelō in Olympō vidēre vult."

---

[85] **licetne mihi**: *am I aloud?*
[86] **consilium**: *plan*
[87] **nuntius**: *messenger*

Mercurius puellam per caelum fert ad Olympum. Omnēs deī et deae sunt in Olympō. Est magnum **convīvium!**[88]

Mercurius puellae aliquid dat.

Mercurius: "Ō puella, bibe hoc vīnum. Vīnum vocātur "Ambrosia."

Ambrosia est vīnum deōrum. Sī tū Ambrosiam bibēs, tū nōn eris mortālis, sed dea."

Puella Ambrosiam, vīnum deōrum, bibit. Cupīdō laetus Psȳchēn cum Mercuriō videt.

Puella nōn iam est mortālīs, sed iam dea pulchra est et immortālis.

Cupīdō Psȳchēn amat, et Psȳchē deum amōris amat.

---

[88] **convivium:** *party*

In caelō, Venus hominēs in terrā videt. Ecce—hominēs nōn iam Psȳchēn laudant. Iterum cīvēs deam Venerem laudant et templa deae cūrant.

Venus laeta est.

Mox Cupīdō et Psȳchē fīliam habent. Fīlia vocātur "**Voluptās.**"[89]

---

[89] **voluptas:** *pleasure*

GLOSSARY

NOTA BENE: Words considered to be "core vocabulary" (i.e. words not defined in the footnotes) appear in **bold typeface**.

A

abest: *is away*

abit: *goes away*

acervus: *a heep, pile*

ad mortes: *to their deaths*

ad pedes: *at her feet*

ad puellam videndam: *(in order) to see the girl*

ad: *to, towards*

adit: *goes to, approaches*

aegrotat: *is sick*

agere: *do*

alii . . . alii: *some . . . others*

aliquis: *someone*

aliquid: *something*

alius: *other, another*

alius . . . alius: *one . . . another*

alii . . . alii: *some . . . others*

amat: *loves*

amicus: *friend*

antequam: *before*

aperit: *opens*

apud: *at*

aqua: *water*

arbor: *tree*

arca: box

aries: *ram*

audit: *hears*

aureus, aurea: *golden*

B

balnea: *bath*

basium: *kiss*

bene dormi: *sleep well*

bibit: *drinks*

bonus/bona: *good*

C

cadit: *falls*

caelum: *sky*

calidus: *hot*

canis: *dog*
capita: *heads*
casu: *accidentally*
caverna: *cave*
celeriter: *quickly*
certe: *certainly*
cibus: *food*
civis: *citizen*
collis: *hill*
comedit: *eats*
conantur: *tries*
conclave: *room*
consentit: *agrees, consents*
consilium capit: *adopts a plan, seizes on an idea*
consilium: *plan*
convivium: *party*
cornua: *horns*
cotidie: *every day*
cras: *tomorrow*
cuius: *whose*
cum: *when*
cur: *why*

D

dat: *gives*

de: *about*

debeo: *I should, I must*

defessa: *tired*

deinde: *then*

deorum: *of the gods*

deus ventorum: *the god of the winds*

deus: *god*

dexter: *right*

dicit: *says*

dixit: *said*

diversis: *separate*

domi: *at home*

domo: *from home, from the house*

domus: *house, home*

dormit: *sleeps*

ducit: *leads*

E

ea: *she*

eam: *her*

ecce: *look! behold!*
eheu!: *oh no! alas!*
ei: *to him, to her*
eum: *him*
ego: *I*
erit: *he/she will be*
est: *is*
esto bono animo: *Cheer up! Be of good cheer!*
ex: *from, out of*
explicat: *explains*
exspectat: *waits*

F
facit: *makes*
falces: *scythes*
famila: *family*
fecisti: *you did*
fert: *brings, carries*
filia: *daughter*
flores: *flowers*
flumen: *river*
fons: *fountain*

formica: *ant*
fortasse: *perhaps*
fruges: *fruits*
frumenta: grains
funera: funeral

G
gerit: *wears*
gladius: *sword*
gratias: *thanks*

H
habitat: *lives*
herba: grass
homines: people
homo: *man, person*
hora: *hour*
horribilis: *horrible*

I
iacit: *throws*
iam: *now*
ianua: *door*

ignosce mihi: *forgive me*

in: *in, on*

in amplexu tenet: *hugs, holds in an embrace*

ineptus: *foolish, silly*

in matrimonium ducit: *leads in marriage, marries*

in monte: *on a mountain*

in obscuro: *in the darkness*

ineptus: *foolish*

inferae: *the Underworld*

iniuria: *injury, harm*

iniuriam facit: *do harm, do injury*

invenit: *finds*

invisus: *invisible*

ipse: *himself, herself*

irata: *angry*

it: *goes*

iter facit: *travels, makes a journey*

iterum: *again*

L

labor: *work, labor*

laetus: *happy*

lana: *wool*

laudat: *praises*

lavant: *wash*

lectus: *bed*

licet: *allowed, permitted*

lucerna: *lantern*

M

magistra: *mistress*

magna voce: *in a loud voice*

magnus/magna: *big, large, great*

malus/mala: *bad*

manus: *hand*

maritus: *husband*

maximus: *largest, very large*

me: *me*

mecum: *with me* (cum + me)

media nocte: *in the middle of the night*

meus: *my*

monstrum: monster

mortalis: *mortal*

mortuorum: *of the dead*

mox: *soon*

multa: *many things*

multus/multa: *many*

musicam ludunt: *plays music*

N

necat: *kills*

necesse est: *it is necessary*

nemo: *no one*

neque: *and not, neither*

nescit: *doesn't know*

nobiscum: *with us* (cum + nobis)

nolunt: (*they*) *don't want*

non: *not*

non iam: *no longer*

noster, nostra, nostrum: *our*

novus: *new*

numquam: *never*

nuntius: *messanger*

O

obscurus: *dark*

Olympus: *Mount Olympus, home of the gods*

omnes: *all, everyone*

omnia: *all, everything*

omnia: everything

oppidum: town

oraculum: oracle, prophecy

oves: sheep

P

parentes: parents

parva voce: in a quiet (small) voice

parvus: *small*

pedes: *feet*

per: *through*

perterritus: *frightened, scared*

placet: *is pleasing (to someone); (someone) likes*

ponit: *places*

post: *after*

postridie: *the following day*

praetereuntem: *passingby*

pridie nocte: *the night before*

prima luce: *at dawn*
prima natu: *the first by birth, eldest*
primum: *first, at first*
puella: *girl*
pulcher/pulchra: *beautiful, handsome*
pulchrior est quam: *is more beautiful than*
pulchritudo: *beauty*
pulsat: *hits*
punit: *punishes*
putat: *thinks*

Q
quaerit: *seeks, looks for, asks*
qualem: *what kind of*
quodam die: *on a certain day, one day*
quadam: *a certain*
quia: *because*
quid: *what?*
quis: *who?*
quomodo: *how?*

R

re vera: *really, actually*
regina: *queen*
regina mortuorum: *queen of the dead*
relinquit: *leaves behind, abandons*
respondit: *responds, answers*
rex: *king*
roges: *ask!*
rogo: *I ask*

S

sagitta amoris: *love arrow, arrow of love*
salve: *hello*
se movet: *moves (himself/ herself)*
secrete: *secretly*
secunda natu: *second by birth, second oldest*
sedet: *sits*
separat: *separate*
sequere: *follow!*
servus: *slave, servant*
si: *if*
similis: *similar (to), like*

sinister: *left*
sola: *alone*
somnus: *sleep*
sonus: *sound*
soror: *sister*
sors: *lot, fate*
stat: *stands*
sumit: *picks up*
summa montis: *the summit of the mountain*
suus: *his, her*

T
tabula geographica: *map*
tangit: *touches*
te fer: *go, take yourself*
te iac: *throws yourself*
tenet: *holds*
terra: *land*
tertia natu: *the third by birth*
totum diem: *the whole day*
tres: *three*
tristis: *sad*

tu: *you*
tuus: *your*

U
ubique: *everywhere*
urbs: *city*
uxor: *wife*

V
valde: *very*
varius: *various, different*
veniam: *forgiveness*
venit: *comes*
ventorum: *of the winds*
verus: *true*
vestimenta nuptialia: *wedding clothes*
via: *road*
videt: *sees*
vigilat: *is awake, wakes up*
vincere: *to conquer, overcome*
vinum: *wine*
vocat: *calls*
vocatur: *is called*

voluptas: *pleasure*
vox: *voice*
vult: *wants*

About the author

Andrew Olimpi teaches Latin at Hebron Christian Academy in Dacula, Georgia. He holds a master's degree in Latin from the University of Georgia, and currently is working towards a PhD in Latin and Roman Studies at the University of Florida. He also co-directs the school's Theater Arts progam with his beautiful and talented wife Rebekah, an artist and English teacher. They live in Dacula with a plethora of pets, including an assortment of reptiles, a neurotic cat, and two aged and lazy dogs.

Made in the USA
San Bernardino, CA
19 May 2020